U0000185

既是左右為難，也是左右逢源

《非普通三國：寫給年輕人看的三國史》作者　普通人

　　身為一個三國歷史的愛好者，閒暇之餘打開三國題材的電玩遊戲做為消遣可說是合情合理，也很合乎邏輯。

　　剛開始不免會先使用曹操、孫權等人才濟濟又兵強馬壯的群雄當作暖身，等到逐漸熟悉系統操作後，則會選擇資源貧瘠、麾下武將素質又不怎麼樣的君主，享受舉步維艱的自虐快感。

　　我認為其中遊玩難度最高的群雄有兩位，一位是盤據宛城的軍閥張繡，另一位則是深耕漢中的五斗米道教主張魯。原因在於他們的國力相當弱小，但領土卻落在極為重要的「衢地」上。

　　衢地，指的就是各國交界、四通八達的所在。張繡所在的宛城位於當時東漢帝國版圖的中央，東南西北皆有可能面臨敵人襲擊，因此歷史上的曹操三番兩次想要拿下宛城，在戰爭中也失去了長子曹昂和愛將典韋。曹魏時期，宛城成了攻略南方孫吳的軍事重鎮。

　　至於張魯治理的漢中更是不在話下，做為四川盆地通往關

中平原的重要節點，蜀漢丞相諸葛亮長期駐兵於此，發動
一次又一次的壯烈北伐。

在賽雷老師的《國家是怎樣煉成的》續作中，有別於上次的「大國崛起」，這
次所介紹的國家絕大部分都處於如同宛城、漢中的「衢地」，也意味著這些國家都
必須面對「兩大之間難為小」的險惡處境。

我們在本書中可以看到一些國家的生存智慧，使他們得以化危機為轉機，從而
走向繁榮，例如中東的以色列和印度洋的模里西斯；反之也可以看到一些國家曾經
強盛，但錯失轉型良機而淪為明日黃花，例如歐亞交界的土耳其和南歐的西班牙。

此外，有些國家的現況難以用強盛或衰敗來單純論斷，他們在因緣際會下找出
一條活路，像是資源匱乏的沙烏地阿拉伯，靠著石油富得流油；位處喜馬拉雅山麓
的不丹，擁有自己的一套處世哲學而怡然自得；領土小得不像話的梵蒂岡，憑藉天
主教信仰影響著全世界將近五分之一的人類。

我們既能從中領略到智慧，也從中凝視著愚蠢；既能欣賞他們如何突破周遭強
敵的桎梏、活出自我，也見證他們如何被命運作弄，至今仍困在泥沼中裹足不前。

看看別人，想想自己，臺灣何嘗不是處於前有豺狼、後有虎豹的困境呢？位在
東亞樞紐的蕞爾小島，在歷史的因緣際會下而有了今時今日的樣貌，不僅要一邊消
化著身分認同的混亂，還得一邊時刻提防周遭的善意與惡意。

這次的《國家是怎樣煉成的》，比起前作更有一種世事難料的驚嘆，就像一齣
又一齣的警世劇場，讀著讀著不禁萬般滋味湧上心頭啊！

深入淺出的歷史懶人包

鄉民推爆網路人氣說書人　黑貓老師

　　歷史這兩個字，也許對很多人而言只是考試的一個科目，充滿一堆需要死背的名詞和年分，但其實歷史就是人類在地球上發生過的故事，也就是因為有了這些事情發生，人類才能發展出文明和文化。

　　所有文化都有各自迷人的歷史故事，不論是政治、種族、科技、經濟，還是文學的發展，都和這些故事息息相關，所以如果一個人想要訓練自己獨立思考的能力，拓展自己的視野與國際觀，讀歷史就是一個最棒的方法。

　　然而，要好好地鑽研歷史，卻是一件非常困難的事。因為翻閱歷史文件與資料往往需要耗費大量的時間。就算是閱讀專家、學者們整理好脈絡的書籍，也常常因為考據與用詞，導致敘述方式冗長而乏味，增加了閱讀上的難度，使得現代人在忙碌的生活節奏中，愈來愈少人能找到空閒，坐下來靜靜地讀完一本又一本像磚頭般厚重的歷史書……

　　但這並不代表人們失去了追求知識的心，有時候，人們只是缺了那麼一點的時間，或是缺了那麼一點的動機。

　　於是，我們這種說書人就跟著登場了，我們扮演的角色就像是歷史故事的敲門磚，把冗長的史料去蕪存菁，快又有效率地把人們最想知道的事、人們最需要知道的事件都整理成重點，幫各位打好知識的基礎，點燃火苗，讓大家更有興趣去研究歷史，並從前人寶貴的經驗中學習、改進，最後才能寫下更精彩的歷史。

　　《國家是怎麼煉成的》就是這樣子的書，又爆笑、又療癒、又能學知識，還可以省時間。不但是懶人包，更是一部精華剪輯，書中用可愛又有趣的漫畫，配上幽默的敘述與補充，只要短短的幾分鐘，就深入淺出地介紹了一個國家，閱讀起來毫不費力，卻又能讓人印象深刻，讓每個讀者都能馬上了解這些國家建國時所發生的酸甜苦辣。

　　而且，通常一本書能再版，肯定就是因為內容夠優秀；而能出續集，更證明這套書精彩實用。《國家是怎麼煉成的》前三集已經介紹了歐洲、美洲和亞洲的大國家了，這次出版的兩集，除了繼續補完歐、美其他國家的建國史，還會介紹紛紛擾擾的中東與南亞，以及歐美各強權博弈下扮演關鍵角色的國家，不論是什麼樣的年齡層都能愛上，讓你手不釋卷，一翻開書就欲罷不能！

前言

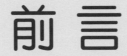

　　小如螞蟻的梵蒂岡居然沒有被歐洲列強併吞？西班牙這麼會裝瘋賣傻，有受過專業的演員訓練嗎？要是能重來，巴拿馬不造運河？委內瑞拉沒事就愛印鈔票？索馬利亞是地表最強海賊王？模里西斯的鈔票上印有中國面孔？賴比瑞亞居然是美國的私生子……

　　微信百萬粉絲作者、知乎十萬粉絲大V「賽雷三分鐘」，用生動幽默的漫畫帶給大家最爆笑易懂的歷史故事。本系列涵蓋世界各國從古至今的發展史，讓你在歡笑聲中，輕輕鬆鬆熟悉國家的起源，是你了解世界歷史的不二選擇。

目錄
CONTENTS

1

梵蒂岡
Vatican City State

如果比較領土的大小，中國在全球排行第三，某些有名的世界強國，例如德國、法國，面積只和中國的一個省差不多。

如果說這些國家在中國眼裡是「小伙子」，那世界上面積最小的國家，位於西歐的梵蒂岡，就真的堪稱「螞蟻」了。

梵蒂岡的總面積才〇‧四四平方公里，其實就是義大利羅馬城裡的一小塊土地，世界上隨便找間大學，規模都比他大好幾倍。

能用一張照片收錄全國風景的，地球上僅此一家。

大家都知道歐洲有很多愛搞侵略的強國，梵蒂岡這麼個小螞蟻應該早就被他們一巴掌拍死了，為何能活到現在呢？

打他都不用動手，直接進去就能把他擠爆。

說出來可能會嚇掉你的下巴，梵蒂岡不僅能在強國的包圍中堅挺不倒，當年整個歐洲都還要看他的臉色行事。

首先要說的是，梵蒂岡這塊地沒什麼特別，一沒石油、二沒鑽石，之所以霸氣，只因為他是天主教的總部。

天主教是基督教的一個分支，起源於二千多年前的羅馬帝國，日常活動就是膜拜上帝，以及……拉更多人來膜拜上帝……

朋友！你聽過上帝嗎？

今天的目標就是這個胖子！

負責傳教、拉人入夥的神父們，湊在一起就成了教會，教會的老大則被稱為教宗或教皇。

你們這群瘋子要帶我去哪裡？

別急，馬上就到了！

這就是我們的教主大人！

哦，歡迎你！我的孩子！

羅馬人一開始把天主教當成邪教，逮到教徒就大刑伺候，所以教會整天東躲西藏，沒有一塊自己的地盤。

你們幾個邪教徒居然連皇子都敢抓，不想活了！

來人！護駕！

你們從哪抓的人？

皇宮門口！

你們兩個傢伙，傳教的時候先看清楚啊！

後來羅馬人發現，天主教鼓勵信徒不管怎麼被虐待都要好好忍著，死了再去天堂享福，所以信了上帝的人都格外溫順，不容易造反。

看你們往哪跑！

乖乖束手就擒吧！

怎麼辦？教宗大人！

看……看來只能使出必殺技了……

我們一起學貓叫！

mua!

mua!

糟……糟糕！

是心動的感覺！

剛好羅馬皇帝最討厭的就是叛亂，於是發動全民來膜拜上帝，鼓勵天主教做大、做強。

好溫暖！好療癒！

我要把你們這種知識傳授給所有人！

為此，羅馬皇帝還特地把羅馬城裡的一座宮殿送給教會辦公。

拉特朗宮

因為有皇帝帶頭，羅馬貴族也趕緊跟風，瘋狂捐房子、捐地給教會，把教會養成一個大地主。

不過地主也有地主的煩惱，羅馬人捐過來的這些地，教會只有使用權，對這裡老百姓發號施令的還是羅馬皇帝。

但教會很快就等到了翻身的機會。西元五世紀，羅馬帝國遭到蠻族入侵，沒多久就亡國了。羅馬的皇帝和貴族都死了，教會就直接晉升成土皇帝。

打敗羅馬的那幫蠻族，還送了個「福利」給教會，他們統治歐洲後，沒去想怎麼建設，整天只知道打來打去，搞得一片狼藉。

老百姓們過不了好日子，為了緩解心中的鬱悶，大部分都加入天主教，希望上帝來拯救自己，於是天主教的人氣暴漲。

由於上帝不喜歡露面，對廣大信徒而言，教會說的話就等於上帝的旨意。

後來有個蠻族高官想要謀朝篡位，他怕自己身為反賊無法服眾，希望教會對老百姓說是上帝要他造反的。

做為相對的報酬，他承認教宗對當年羅馬人捐的土地有至高無上的統治權，還攻下義大利中北部的一些地盤，打包送給了教會。

由教宗統治的這塊地盤被稱為「教宗國」，也就是梵蒂岡的前身。

教宗國就是梵蒂岡的前身

雖然教宗國的領土相當於現在義大利的三分之一，絕對稱不上是大國，但從影響力方面來看，可以說整個西歐都是教宗國的地盤。

統治西歐的王公貴族們，要想讓手底下的天主教徒聽話，就必須和教會搞好關係，所以他們都認了教宗當大哥。

有個叫亨利四世的國王和教宗決裂，結果手下紛紛造反，他只好去求教宗寬恕，在大雪中赤腳站了三天才得到教宗的原諒。

能讓國王都低頭認錯，可見當年天主教有多厲害，但是有句老話叫做「物極必反」！

天主教是怎麼走向下坡路的？

主要是因為教會太貪婪，他們以神的名義，瘋狂搜括老百姓的錢，大家愈來愈懷疑教會能不能代表上帝。

昨晚上帝託夢給我，他最近有點缺錢！

現在就是考驗你們誠心的時候了！

還有幾任教宗基本上不做正事，毫無威信可言。

教宗大人，按約定您今天要到我們國家傳教，我的萬千子民早早就在等您啦！

今天我還有別的事要做！

取消了，不去了！

什麼

這……

眼看天主教愈來愈不像話，很多信徒都不願信教，實力大損的教會，再也不敢對國王們發號施令，只剩下教宗國那幾塊土地，他們還能說了算。

喂！你們快給我回來！背叛信仰是要下地獄的！

哎！罷了罷了！以後我們低調點就是了！

唉！這個教宗不行了！

唉！

我們還是走吧！

只可惜這最後一點家產都沒保住。十九世紀末，教宗國所在的義大利爆發了內戰，義大利人殺進教宗國，想要完成統一大業。

兄弟們！上啊！

教宗等人無力抵抗，只能逃到羅馬城西北角的梵蒂岡，靠著這一畝三分地，重新建立梵蒂岡國。

梵蒂岡城全貌

以前好歹也有三分之一個義大利，現在縮水成一個小區，教會也是夠慘的，但對於他們來說，地盤大小真的不重要，天主教的影響力才是關鍵！

雖然天主教走了不少下坡路，但現在依然是基督教裡最大的教派，全球有超過十億信徒。

教宗講出的話，在信徒心裡還是很有分量，利用這種號召力，天主教做了很多好事，例如鼓勵大家保護環境，多做慈善公益等。

如果教會拿這個號召力對付人，鐵定是個重兵器，例如誰家辦總統選舉，教宗說某候選人不符合上帝的要求，天主教徒就不會投票給他了。

川普競選美國總統時說要在邊境修牆，擋住偷渡過來討生活的墨西哥人，教宗覺得這違背了天主教幫助窮人的理念，於是公開批評川普，說他違背了上帝的旨意。

雖然川普最後成功當選，但他心裡還是有點慌，所以親自帶著一家老小到梵蒂岡訪問，想和教宗搞好關係。

很多人可能會覺得
教宗是為窮人撐腰
才會譴責川普，
這完全符合道義，
教宗當得很可靠啊！

但大家有沒有想過，
如果出現幾個不可靠的教宗，
僅僅為了實現私欲，
號召信徒抵制政府，
那恐怕……就是一場災難了！

梵蒂岡篇‧完

2

西班牙
Spain

最近這幾十年，英國混得相當落魄，這個曾經號稱「日不落帝國」的大老，不僅當年的殖民地差不多丟光了，在世界上的存在感也愈來愈低！

看到英國走向衰弱，最幸災樂禍的國家絕對非西班牙莫屬，原因也十分簡單──「日不落帝國」的頭銜本來是他的。

被搶走頭銜的西班牙

現在西班牙的領土面積，只和亞洲的泰國差不多大，這個地方叫做伊比利半島。當年一群從非洲搬家過來的土著，成了當地最早的居民。

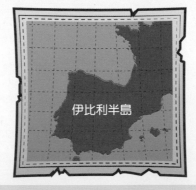

伊比利半島

在很長一段時間裡，這塊土地一直被周圍的強國搶來搶去，現在西班牙的鄰居，基本上都曾經支配過西班牙。

直到十六世紀，西班牙人終於覺得老被人騎在頭上也不是辦法，於是齊心協力，成功把外敵趕了出去。

雖說打跑了敵人，但自己的國家也被搞得滿目瘡痍、百廢待興，於是西班牙人決定到外面打工賺錢，貼補家用。

去哪裡打工呢？聽說東方的國度都富到流油，遍地都是黃金、白銀，就去東方碰碰運氣吧！

但當時從歐洲通往東方的陸路，早已被各路虎視眈眈的敵人占領，基本上是走不通的。

西班牙派了一群航海家，帶著船隊駛向大洋，看能不能找到通往東方的海路。

但當年又沒有GPS導航，很多航海家都走錯路了，其中最著名的路痴就是以為自己一直往印度走，卻陰錯陽差到了美洲大陸的哥倫布。

航海家們不僅發現新大陸，還帶回一個重要情報——那邊的土著好像都很傻，可以過去搶錢、搶地、搶人，想幹嘛就幹嘛！

於是有個叫法蘭西斯克·皮薩羅的傢伙，帶著幾百名人馬跑到南美洲，打敗當地的土著大軍，還活捉他們的國王，敲詐一大筆贖金！

但這傢伙也相當缺德，拿了錢居然不放人，還宰了人家的國王，然後趁土著們群龍無首，把他們都打趴了，為西班牙占領一大塊地盤。

類似的情況也在其他地方不斷上演，總之西班牙人的船開到哪，當地人就會遭殃，那裡就歸西班牙所有了。

歐洲、美洲和非洲　　**35**

西班牙的地盤很快就遍布全世界，連臺灣都差點遭到毒手，說那時的西班牙是世界一哥也不為過。

當時的西班牙國王卡洛斯一世，很顯擺地說了一句「在我的領土上，太陽永不落下」，西班牙從此得名「日不落帝國」。

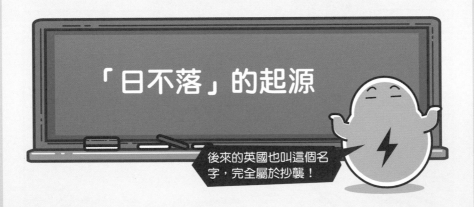

西班牙占領了這麼多地方，肯定是要用來搖錢，賺錢最快的方法就是直接從當地人手裡搶黃金、白銀，但土著們又不是開銀行的，搶幾次就沒東西可搶了。

於是西班牙人又找到了新的生財之道，他們把歐洲生產的洋槍等產品，運送到非洲換成黑人，然後把這些黑人賣到美洲的殖民地做奴隸，去做耕種、挖礦之類的粗活。

最後，西班牙人再把種出來的作物和挖出的金銀，從美洲運回歐洲賣，賺取差價，這樣一趟下來就能賺個盆滿缽滿。

由於做這種生意的航行線路差不多是個三角形，因此也被稱為「三角貿易」。

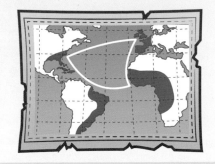

富起來的西班牙人，感覺自己像在作夢，不知如何是好，於是他們決定信仰天主教。

西班牙人到處傳教給別人，倘若有人不信，他們還會不高興，為此和別人發生了很多磨擦。

這些事讓西班牙吃了不少虧，也花了很多錢，就連看家吃飯的海軍艦隊，也被英國人送進了海底。

因此西班牙愈來愈窮，整個國家破產了多次，到了一七〇〇年，有個西班牙國王去世了，居然連送葬的錢都出不起！

更慘的還在後面，西班牙愈來愈落魄時，對手們卻不斷壯大，他在世界各地的殖民地，要嘛被搶走，要嘛鬧獨立，很快就沒剩下幾塊了。

這下西班牙就是想搶劫也沒有地方可搶了。西班牙從此由日不落帝國淪為歐洲二流國家，「日不落」的稱號也被英國拿走。

從天堂掉到地獄的落差，讓西班牙人的身心遭受巨大打擊，甚至有點精神分裂。

他們一會兒喊著信仰自由，過一會兒又規定全國老小只能信天主教；今天準備走民主共和路線，明天又搞君主立憲制度，後天又冒出個獨裁專制的國王。

自由高於一切！

我就是這裡的王！

反對我的人統統殺掉！

不信主，都得死！

瘋了，瘋了⋯⋯

人民就是國家的主人！

就這樣反覆折騰了幾個世紀，到了一九三六年，有群西班牙軍人對當時的政府不滿，他們在一位叫佛朗哥的將軍帶領下發動叛亂，挑起了內戰。

佛朗哥

後來納粹德國和義大利跑來幫助佛朗哥，讓叛軍的戰鬥力瞬間爆表，成功推翻政府軍，佛朗哥就當上了西班牙的老大。

你這個痴呆國王，去死吧！

納粹當然不是白幫忙的慈善家，他們花那麼大的力氣挺佛朗哥，是為了拉西班牙入伙，以後搞侵略就多個人、多份力。

然而佛朗哥也相當精明，雖然在納粹元首的威逼利誘下，率西班牙加入了法西斯陣營，但一叫他去幫忙打仗，就開始裝瘋賣傻、打死都不去。

畢竟當年的西班牙帝國就是因為到處打仗被耗死的，可以精神上支持你，但想讓我幫忙當炮灰，門兒都沒有！

於是西班牙就在「二戰」的腥風血雨中，愉快地保持中立，到了德國快戰敗時，索性忘恩負義投靠美國，做了一把牆頭草。

喂！你跑錯邊了！那邊是美國陣營，再過去就被打死了！

我只知道待在你這裡死得更快！

靠著美國撐腰，佛朗哥在西班牙獨裁了很多年，直到他老到快不行了，才找來一個以前國王的後代，欽定為自己的接班人。

一九七五年，佛朗哥終於歸天了，接班人當上西班牙國王後，發起君主立憲制，把權力還給人民，西班牙才算是走上了正軌。

以後要好好治理國家！不要學你那個痴呆老爸！

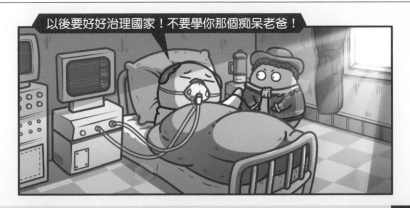

西班牙

雖說西班牙安定了下來，但他早已經不是當年那個呼風喚雨的大帝國，國際上那些大老們講話時，根本輪不到西班牙插嘴。

不是叫大家來開會嗎？為什麼我們站著，他們坐著！

你管這麼多幹嘛？你只要拍手叫好就行了！

既然沒什麼事可以管，西班牙就只能找點好玩的事情打發無聊的日子了，例如西班牙人玩足球，就是出了名的厲害！

哇！我才不稀罕什麼大老呢！射爆你們就夠了！

除了擁有實力超強的國家隊，西班牙足球甲級聯賽也是全世界足球運動員最夢寐以求的殿堂！

爸爸，我想去西班牙踢球！

再來就是籃球，雖然被足球蓋過了風采，但西班牙人玩籃球也是一把罩，在各大賽事中獲獎無數，是美國隊都要認真對待的對手！

下次決賽見！我絕不會再輸給你！

你可別翻船了！那樣決賽就沒意思了！

西班牙人還熱愛鬥牛，手執紅布、長劍的鬥牛士，在競技場裡把牛耍得團團轉，或者直接把牛放到街上，讓全民一起參與狂歡。

哞！

來吧！

咻

力道太大！撞進觀眾席了！

糟了！

啪

給我捅一刀！

哞！

機會難得！

陪我慢慢玩不好嗎？非要去觀眾席討打。

現在西班牙人純粹靠玩
就玩到舉世聞名，
在各國吸引了一堆粉絲。
或許對於他們來說，
這也算是另一種「征服世界」吧！

西班牙篇·完

說到玩，你們誰也不是我的對手，哈哈哈！

3

巴拿馬
Panama

大家學地理時，肯定學過世界兩大運河：一條是埃及的蘇伊士運河，另一條是巴拿馬的巴拿馬運河。

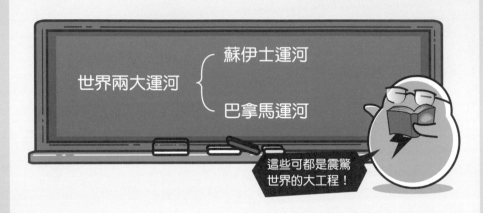

世界兩大運河 ｛ 蘇伊士運河 ／ 巴拿馬運河

這些可都是震驚世界的大工程！

家裡有這個「工程奇蹟」，照理說應該是件值得驕傲的事情，但對巴拿馬人來說，看到運河時可能內心很不是滋味，甚至會覺得是恥辱……

快來開閘放船啦！

你還在磨蹭什麼？

為什麼會這樣呢？這一切還得從頭說起！

巴拿馬是一個標準小國，國土才七萬多平方公里。他的位置其實很好找，就在美洲大陸的細腰子那裡，也就是「中美洲」。

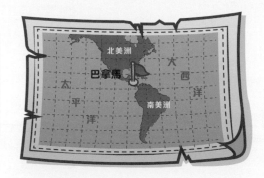

美洲大陸上本來住的都是印地安土著，但在一五一三年，哥倫布的助手來到了中美洲。

由於他登陸的地方是個小漁村，於是助手幫這裡取名為「巴拿馬」，就是「漁鄉」的意思。

替一個地方取名，是為了對全世界宣告，這塊地我已經占了。巴拿馬從這時開始成為一塊殖民地，而歐洲人就是他的主子。

之後有大批歐洲人趕到這裡，還帶了很多黑奴來幹活，再加上原本住在這裡的印地安人，三者長期混血，才誕生了後來的巴拿馬人。

雖然有一部分歐洲人血統，但巴拿馬人並不認同主子的統治，十九世紀初，美洲各殖民地紛紛鬧起獨立，巴拿馬也趁機造反。

一場大戰後，南美洲出現由原殖民地組成的新國家——大哥倫比亞共和國，巴拿馬人選擇加入這個大家庭，成為哥倫比亞的一個省。

如果不出什麼意外，巴拿馬到現在也只是個省而已，然而，一條河……改變巴拿馬的命運，它就是開頭說的巴拿馬運河！

改變命運的運河

大家看地圖就知道，美洲大陸非常狹長，而且中間沒有斷口，從西岸開船到東岸，必須花兩個月時間從美洲最南端繞過去。這樣繞著走費時又費力，所以有人就想到，在美洲最窄的地方挖條運河，連接大西洋和太平洋。

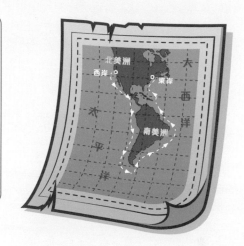

最先開挖的是法國人，但巴拿馬地形複雜，而且各種傳染病肆虐，法國人用了九年都沒修完，還賠進去四萬名工人的性命。

法國只能宣布失敗，巴拿馬運河成了爛尾工程。這時美國突然跳出來，自告奮勇當備胎。

法國都搞不定的棘手工程，美國人為什麼還要硬上呢？因為當時美國最發達的兩塊土地，是東海岸和西海岸，要運貨、運人，走海路得繞很遠。

打仗時就更要命了，美國軍艦一半在西岸，另一半在東岸，要是發生戰爭，根本來不及相互支援，等開過去時，戰友已經集體餵魚了。

於是美國開始和哥倫比亞談判，答應做完爛尾工程，但運河的所有權要歸美國。哥倫比亞覺得這是個賣國合約，毫不猶豫地拒絕了。

美國一計不成，便盤算著把巴拿馬直接從哥倫比亞分裂出去。當時哥倫比亞正巧發生內亂，巴拿馬省對中央政府不滿，美國表示會幫他們獨立，條件是讓出巴拿馬運河的所有權。

巴拿馬人腦袋一熱就順口答應了，他們在一九〇三年宣布獨立，美國也按約派軍艦來撐場子。哥倫比亞也拿他們沒轍，於是，巴拿馬共和國誕生了。

美國又花了九年時間，還有近四億美元，才修完巴拿馬運河。從美國西岸到東岸的航程，直接縮短了一萬四千公里。

巴拿馬運河竣工大典

我就是新一代通渠王！

賣掉運河沒過多久，巴拿馬人就後悔了，因為無數商船都從運河穿越，美國大把大把收著過路費，巴拿馬一點油水都沒分到。

嗶嗶

那邊的！

這是我家，不分我錢就算了，還收我的錢，太過分了吧！

最重要的是，美國把運河兩側的大片土地全部占為己有，稱為「運河區」，其實就是美國的殖民地。

你等著！三天之內！我叫我親戚打爆你！

合約上寫的清清楚楚，這裡歸我，你忘了嗎？

合約

……

美國在運河區駐紮很多軍隊，表面上是為了保護運河，其實也是警告巴拿馬，反悔這事在心裡想想就好，做出來就立刻扁你。

除了明著「秀肌肉」，美國還偷偷搞經濟侵略，美國公司透過投資、收購，把巴拿馬的農莊、發電廠等產業全都攥在手裡，巴拿馬敢說一個「不」字，就要斷電、斷糧。

被美國抓住命根子，巴拿馬人覺得特別煩，他們下決心要反抗到底。一九六四年一月，一個巴拿馬學生衝進運河區，想要升起國旗，結果被美軍槍殺。

這件事徹底激怒了巴拿馬人，很快又有三萬多個巴拿馬人衝進運河區。美軍還是老一套，反正子彈一定夠，來多少就殺多少。

兩天之內，有四百多個巴拿馬人倒在槍口下了。面對慘重的傷亡，他們只能先行撤退，但這不代表巴拿馬人放棄了，他們在等待機會。

幾年後，一個叫奧馬爾·托里霍斯的軍官，透過政變成為巴拿馬的老大。這個人態度很強硬，思維很縝密，他覺得大鬧一場不如溫水煮青蛙。

托里霍斯一個接一個沒收美國人開的公司，慢慢奪回巴拿馬的經濟命脈，然後把運河問題提交聯合國，讓全世界來評評理。

這些就是那個男人的罪刑！

美國看托里霍斯這麼凶，運河的事情就讓步了。美國承認巴拿馬是運河的主人，還答應在一九九九年歸還運河。聽到這個消息後，巴拿馬舉國狂歡，覺得終於逃出了美國的手掌心。

誤會誤會！這都是開玩笑的！

運河當然是老馬的，我只是借來用用罷了！

與此同時，美國的政客們也在開會，有人發問：「要是巴拿馬翅膀硬了，不聽管教怎麼辦？」美國總統的助理是這樣回答的：「用拳頭教育一下。」

讓他們見識我們的厲害！

老弟，你怎麼比我還激動？！

一九八一年，托里霍斯死於一場離奇的空難。他的部下聲稱，其實是托里霍斯的政策激怒了美國，美國設計暗殺了他。

托里霍斯的繼任者曼紐‧諾瑞嘉就更慘了，他也不聽美國的話，還威脅美國說：「如果美國再干涉巴拿馬的家務事，就炸掉運河。」

二十世紀八〇年代末，美軍直接入侵巴拿馬，讓城市變成血肉橫飛的戰場，還把曼紐‧諾瑞嘉抓回美國審判。

雖然到了一九九九年，美國按約定交還運河，但巴拿馬還是不敢違抗美國的「聖旨」，深怕美國再次入侵，畢竟離美國不遠，被滅也就一瞬間的事。

直到今天，巴拿馬還活在美國的陰影下，聽從美國的指示。巴拿馬連自己的軍隊都不能擁有，想和中國交朋友，美國也不同意。

巴拿馬只能偷偷和中國聯繫，這被定為最高機密，全國上下只有總統等四個高官知情，就是怕走漏了風聲，美國會來找麻煩。一直到二〇一七年，中、巴才正式建交，真的拖了太久太久。

而這一切起因
就是宏偉的巴拿馬運河，
如果給百年前巴拿馬人一次機會，
提前知道將要發生的事情……

他們還會選擇簽下那份
改變國運的合約嗎？

巴拿馬篇・完

4

委內瑞拉
Venezuela

要說世界上哪裡土豪多，大家最先想起的肯定是中東地區，那裡盛產石油，不少國家都靠賣油發大財。

哎呀，這下我的子子孫孫再也不用上班了！

比方說沙烏地阿拉伯、阿聯，在那裡開跑車、住豪宅、養猛獸，都算日常生活；身家有幾十億美元，能買得起私人飛機的，才能勉強算富豪。

主人出門小心！

所以在很多人的印象中，有石油可挖的國家，一定都是錢多到用不完……

但南美洲的委內瑞拉卻徹底顛覆了大家的認知……委內瑞拉的地下藏著很多石油，但這個國家卻一點也不「豪」，甚至還欠了幾千億美元的債，大部分老百姓連飯都吃不飽！

你怎麼回事，小老弟？

二〇一五年，有群社會學家評選「全球最悲慘國家」，委內瑞拉力壓打內戰的敘利亞，「榮登」第一名寶座。

其實遠古時代的委內瑞拉並不像現在這麼慘……那他究竟經歷了什麼呢？

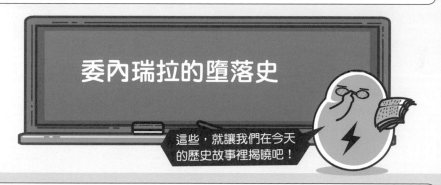

委內瑞拉的墮落史

這些，就讓我們在今天的歷史故事裡揭曉吧！

最初的委內瑞拉和南美洲的其他地方一樣只住著一群土著，幾千年如一日的跳大神，過著世外桃源般的日子。

嗚啦啦啦！

嗚啦啦啦！

直到一四九八年，有個叫哥倫布的不速之客，帶著西班牙船隊來到這裡，打斷了土著們無憂無慮的生活。

哥倫布發現新大陸後，更多西班牙人帶著槍炮過來搶地。

土著們打又打不過，拜神的神也不幫忙，就只能乖乖地舉手投降了……到了一五二二年，委內瑞拉就變成西班牙在南美洲的第一塊殖民地。

不管在哪個時代，當殖民地總不會有什麼好事的，西班牙人素質也不高，先殺土著再想他們的金銀，沒殺完的就當奴隸使喚。

幾百年後，土著都被他們整得快死光了，委內瑞拉剩下的居民都是從歐洲遷來的白人，還有他們和土著生的混血兒。

但西班牙似乎還沒意識到這個問題，依然給予委內瑞拉極差的待遇，又瘋狂地從那裡搜括錢。

就算是頭乳牛，你不餵牠吃草，叫牠去擠奶都會暴走了，委內瑞拉人的心底有多憤怒，可想而知！

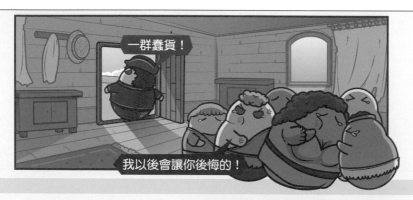

一群蠢貨！

我以後會讓你後悔的！

於是在一八一〇年，一個叫西蒙·玻利瓦的「富二代」帶領委內瑞拉人起義，反抗西班牙人的統治。

打響第一槍後，南美洲各地都積極響應。他們花了十多年時間，終於把西班牙人徹底趕出南美洲。

滾回你老家鬥牛去吧！

以後見你一次，打你一次！

到了一八一九年，玻利瓦又將委內瑞拉和隔壁幾個殖民地湊在一起，建了個新國家——大哥倫比亞共和國。

所以在委內瑞拉人心中，甚至在所有南美人心中，玻利瓦都是個救世主，他的雕像在南美洲隨處可見，甚至還有國家以他命名。

歡迎玻利瓦真身光臨我們玻利維亞，請您選出一位最像您的粉絲！

可惜好景不常，大哥倫比亞共和國成立沒多久，就因為內鬥而四分五裂，委內瑞拉又變成獨立國家，玻利瓦也含恨而終。

就你這種貨色也好意思打扮成我偶像的模樣？

去死吧！我才是真正的鐵粉！

你們在幹嘛？快來人，救我呀！

雕……雕像要倒了？

玻利瓦去世後，群龍無首的政客和軍人就開始勾心鬥角，天天搞政變。

爺爺，這些人在幹嘛？

這些人啊，就是國家的敗類、老鼠屎！

誰政變成功就上臺當獨裁者，當個十幾二十年，又被另一個獨裁者趕下臺，就這麼來回折騰。

你們這些人，天天變來變去！你們不煩我都煩了！

最後委內瑞拉人終於受夠了，他們在一九五八年推翻了獨裁政府，投票選出自己的總統，準備好好發展經濟，過幾天安穩日子。

滾！

委內瑞拉想到自己腳底下的石油，於是和一票外國石油公司合作，利用外國人的先進技術，挖了很多石油出來賣。

二十世紀七〇年代，埋頭賺錢的委內瑞拉，人均GDP已經殺進世界前十，被譽為「南美沙烏地」。

根據科學家考察，委內瑞拉地下的石油比沙烏地阿拉伯還要多，儲量是全球第一，可以說潛力無限啊！

然而就在大家覺得委內瑞拉要起飛時，一個人跳出來砍斷了委內瑞拉的翅膀，他就是烏戈·查維茲。

查維茲是軍人出身，有無限大的野心，之前想帶兵搞政變，結果失敗被捕，關了兩年放出來還是不死心，又跑去參加總統選舉。

我是未來的總統……

只要你現在放我出去……

結果他運氣很好，因為上一任總統非常腐敗，賣石油賺很多錢，也不拿出來發福利給老百姓，所以人氣一路下滑。

這個人違背道德！背叛人民……

天吶！這個瘋子真去競選總統啦！

歐洲、美洲和非洲　　77

現在投票還來得及嗎？

查維茲的競選口號是「打倒腐敗官員」、「讓老百姓都過上好日子」，再加上他的面相比較誠懇、老實，老百姓就信了他，紛紛把選票投給他。

查維茲當上總統後，真是一點都不含糊，各種福利發發發，免費醫療、免費教育，日常還有各種補助，連房子都免費送！

查維茲還違背市場規律，讓公營企業買很多進口貨，然後便宜賣給老百姓，強行壓低物價，相當於變相幫老百姓漲工資。

人民就是父母，爹娘要買東西，你好意思收錢嗎？

老大，求求你別再讓我虧本賣了！再這樣下去，我連內褲都穿不起了！

就你這點思想覺悟，是怎麼當上公營企業老闆的？

老百姓頓時高興得飛上天了，還以為祖國提前進入共產主義，卻沒有認真考慮過，發福利的錢到底是從哪裡來的。

其實這是因為有很多外國公司，為了能從油錢裡分一杯羹，願意提供各種先進技術幫委內瑞拉挖石油。

後來查維茲把這幫外國人全部趕走，還把石油產業收歸國有，本來該分給外國公司的錢都被政府賺走，這樣就有錢發福利了。

79

可惜委內瑞拉公營企業的效率太低，養著一群不做事的閒人，而且查維茲也沒有治理好腐敗問題，官員都想著從公營企業裡撈油水。

外面這麼熱，傻子才去上班呢！待會下班後運兩車油回家就好了！

還是老闆會享受啊！

在石油能賣出好價錢時，這種百病纏身的公營企業還能勉強供養委內瑞拉，一旦石油價格下跌，公營企業就賺不了錢了。

老闆，不好了！油價下跌了！我們今年的業績要完了！

那得再搬二百桶回家才能補回來！

嗯……決定了，今天就搬二十桶回家吧！

沒想到老闆你也是個性情中人！人死不能復生，節哀啊！

查維茲活著的時候，這個問題還不明顯，二〇一三年他因病去世後，石油價格突然暴跌，從一百多美元一桶，跌到三十多美元一桶，委內瑞拉瞬間就陷入了經濟危機。

嗚嗚嗚……

但偏偏前來接班的總統馬杜洛，也是個死腦筋的傢伙，他當過查維茲的小弟，所以發誓要把查維茲的福利制度進行到底。

可是經濟這麼不景氣，政府去哪賺來發福利的錢呢？馬杜洛選擇了一個最蠢的方法──加印鈔票！

只要印錢的速度夠快，我們就有永遠花不完的錢！

你說是不是這個道理？

對，對⋯⋯你是總統！你說什麼都對！

一個國家印鈔票，不是想印多少就印多少，必須看全國的商店裡總共有多少貨物，如果印得太多，這些鈔票就不值錢了，這就是所謂的通貨膨脹。

總統說話了，每個人沒領夠一億，不准出這個門！

自馬杜洛上臺以來，委內瑞拉的物價飛漲，鈔票貶值了97％，基本上等於廢紙，老百姓一個月的工資買幾碗麵就花光了。

非常諷刺的是，委內瑞拉的鈔票正是以「玻利瓦」命名。委內瑞拉曾經的大英雄，在二百年後變成老百姓的惡夢。

為了平息民憤，馬杜洛做了件更蠢的事情，他要求所有商店，一律按政府的定價賣東西，哪個老闆敢漲價就直接進監獄。

按照政府的價格賣，商店肯定要虧到死，所以民營企業紛紛關門不做了。老百姓要買東西，只能去政府經營的商店。

但政府自己也窮，哪有錢進貨？所以商店的貨架長年是空的，老百姓根本買不到東西，吃了上頓沒下頓。

到了二〇一六年，委內瑞拉的經濟成長率是負8％，有17％的國民失業，超過80％的人吃不飽飯，基本上快要斷氣了！

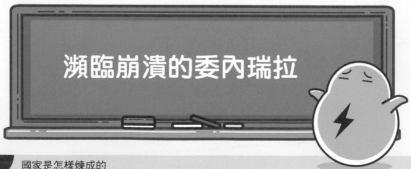

很多經濟學家都覺得可以再搶救一下，例如改革公營企業、取消政府制定的物價，當然最重要的還是別再亂發福利。

兄弟，聽我的，別再發福利了！

但委內瑞拉人已經習慣了各種福利，現在突然不發，老百姓估計是不會答應的。

什麼狗屁專家！

茨啊！

兄弟開門啊！

到時候，老百姓肯定會想方設法推翻政府，內鬥估計是又要鬧起來了。

看來又得我出馬來穩定局面了！

委內瑞拉篇・完

5

索馬利亞
Somalia

拜各種電影和動漫所賜,海盜在大部分的人心中,已經成為自由和浪漫的象徵。

風靡全球的海盜文化

我⋯⋯是要成為海賊王的男人!

開著霸氣的海盜船,尋找神祕的寶藏,別提有多拉風了,很多海盜粉絲時常嘀咕:「我是要成為海賊王的男人!」

說這句話倒沒什麼問題,不過可別在水手面前喊,如果他的船要經過索馬利亞,還真有可能遇上海盜!

臭小子,烏鴉嘴!可別把那些殺千刀的招來了!

怎麼?你對我們有什麼不滿嗎?

索馬利亞附近的海域，是全世界海盜最猖獗的地方之一，光是二〇〇八年就發生了一百二十五起海盜劫持事件。

他們不像古代海盜那樣殺人越貨，而是扣留船隻、綁架船員，明目張膽地向船主索要贖金，平均每艘船能要到一百八十萬美元！

老大，這艘船你一路上抓了五次！不是說下次不抓了嗎？

少……少廢話，拿錢來！

但大家估計想不到，如今無比囂張的索馬利亞海盜，是近幾十年才開始當亡命之徒的……在之前的幾千年裡，索馬利亞人竟是世界知名的藥商。

老闆，你看我都買過這麼多次了，便宜點兒嘛！

這個……真的不能再低了！

89

西元前二〇〇〇年左右，索馬利亞人的祖先在海邊建立「邦特國」，和北邊的埃及、希臘，甚至是亞洲的印度都有生意往來。

因為氣候比較乾旱，邦特國人很少種植糧食和蔬菜，他們就養牛、羊和駱駝，整天喝奶、吃肉，過著游牧民族的生活。

他們如果想吃其他東西，就會拿當地特產的藥材、香料去和別的國家進行交換，最出名的就是「沒藥」。這種專治跌打損傷的沒藥，是用地丁樹的樹枝所製成。

據埃及人回憶，邦特國國王是個和藹可親的老奶奶，非常會做生意，買藥材附贈野生動物，結果埃及人拿到了一群狒狒。

現代人對邦特國的了解很少，都來自其他國家的零星記載。什麼時候滅亡的，為什麼滅亡，這些都一概不知。

只知道後來的索馬利亞分裂成很多塊土地，一座城就是一個國。一個小小的部落酋長就敢自稱國王，整天都在打來打去。

主要是因為索馬利亞的環境太差，動不動就鬧旱災，搞得草地、水都成了稀缺物，而對游牧民族來說，這些又是必需品，只能打架搶一搶了。

馬……馬王！不……不好了！

我們的水被偷走啦！

什麼事慌慌張張的！沒看見這邊在交戰嗎？

嘿嘿嘿！聲東擊西，不知道吧！

雖說忙著打架，但索馬利亞人在內戰的同時，對外的藥商身分還是沒變，只不過大客戶變成了中國。

馬王！我看您現在挺忙的，要不等您有空了，我們再談生意如何？

沒事！我頂得住！

嗚嗚嗚………

來人！給貴客上盾牌！

中國和索馬利亞的貿易，最早是從唐代開始。考古學家在索馬利亞首都附近，發現了上千枚唐宋時期的錢幣。

交易的貨物除了藥物和香料，還有象牙等奢侈品。狒狒、長頸鹿之類的野生動物，中國人也覺得稀罕，偶爾會買兩隻回去玩。

西元十一世紀時，索馬利亞人就向宋朝進貢了。到了明朝時期，鄭和帶船隊下西洋，先後四次到索馬利亞。

鄭和帶了二百多艘船，索馬利亞人還以為他是來打架的，嚇得都快尿褲子了，後來發現鄭和只是想交個朋友，才放下心來招待他。

歐洲、美洲和非洲　　93

愛好和平的中國人剛走，海上又開過來一支艦隊，索馬利亞人就想，這幫人應該也是來交朋友的吧！趕緊殺牛、宰羊準備待客。

結果船上坐的是歐洲人，招呼都不打就開始搶劫。索馬利亞被搶了兩、三次，才明白這幫人是侵略者，拿起刀劍開始奮力抵抗。

因為索馬利亞人不團結，再加上歐洲人裝備好，抵抗了幾百年，還是被幾個強國瓜分，成為殖民地。

白人侵略者非常貪婪，把耕地、牲畜全霸占了。一無所有的索馬利亞人，只能住在茅草棚裡，幫白人打工換一口剩飯吃。

雞都鳴叫了還在睡覺，快給我去幹活！

你這個叛徒！

還睡！

咯咯咯！

索馬利亞人和白人做同樣的工作，工資只有後者的三分之一，要是因工受傷，也拿不到一毛撫卹金。

這是你的工資！

有沒有搞錯！都是搬磚，憑什麼他拿的錢那麼多！

那只是撫卹金而已，他的工資已經叫馬車運回去了！

忍無可忍的索馬利亞人，最終發動一場大起義，從一八九九年鬧到一九二一年，雖然以失敗告終，但也讓這些侵略者吃盡苦頭。

白皮豬過來挨打！

快回家拿槍！

「二戰」結束後，幾個老牌殖民帝國走向衰弱，要是索馬利亞人再鬧個幾回，他們恐怕就扛不住了，於是乾脆放棄索馬利亞。

再這樣鬧下去，我這身子可扛不住呀！

人呢？人跑到哪了？

不如我們回老家吧！

一九六〇年七月一日，索馬利亞人終於擺脫外族統治，建立了自己的共和國。這一天，索馬利亞人都走上街頭，歡聲笑語，載歌載舞。

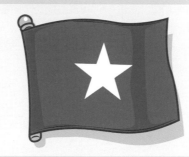

不過事實證明，他們可能笑得有點太早了。雖然侵略者都被趕走了，但索馬利亞資源匱乏的老毛病，和古代比起來並沒有好多少。

哎呀，這歐洲人留下的大房子可真不錯，今後可輪到我享福了！

吱嘎

滾！這裡已經沒有你的位置了！

為了爭奪資源，部落之間又開始內戰，從建國到二十世紀九〇年代從不曾消停過，政府的總統不是被暗殺，就是被氣得離家出走。

總統！你不能拋下我們不管啊……

再不走，我就要和前幾任一樣涼了！

聯合國本來想派人去維和，結果索馬利亞人壓根兒不吃這套，連他們一起打，其中光美軍就傷亡近百人，還被索馬利亞人拖著屍體遊街。

嗯?!阿美利卡？謝謝老鐵送的槍和飛機！

被這樣一搞，聯合國也賭氣撒手不管了，讓索馬利亞人自己鬧，於是索馬利亞就陷入無政府狀態。

失控的索馬利亞

這幾十年來，索馬利亞的進步基本為零，依然窮得叮噹響，碰上個旱災、蝗災，就得吃慈善組織的救濟糧。

哎！慈善組織的人不能殺！
還指望他們給我們送糧食呢！

許多孩子更是骨瘦如柴，不是餓死就是病死。

索馬利亞人覺得，老是白拿人家的援助也不是辦法，於是他們決定要「有骨氣」，憑自己的「本事」吃飯——去搶！

老讓人家送上門也怪不好意思的。
看見船沒？我們自己上去拿吧！

在當海盜方面，索馬利亞有先天的地理優勢，家門口剛好有一條埃及人修的蘇伊士運河，從亞洲開到歐洲的船，基本上都得從這裡通過。

不僅找目標容易，當地人也有技術當海盜，因為索馬利亞長年內戰，他們見慣了槍林彈雨、炮火轟鳴，三歲小孩也會用槍。

什麼神槍，我看也不過如……

啪！ 啪！

阿爸！對不起，我來晚了！

最早入行的索馬利亞人，正是參加過內戰的民兵，他們坐小快艇靠近商船，然後用繩索爬上去，掏出槍炮，綁架船員。

船員只能發出求救信號，海盜就會和船主談價，交多少萬美元就放人、放船，不給的話就殺掉船員，大部分船主都會老實給錢。

海盜拿了贖金又去招兵買馬，搞到更多的槍炮來挾持更大的船隻，連世界上第二大郵輪「天狼星號」都落入他們手中。

他們還劫過一艘運軍火的船，上面有幾十輛坦克、裝甲車，把全人類的臉都嚇白了，還好船上沒運原子彈。

隨著海盜做案愈來愈頻繁，世界各國只能興師動眾派出軍艦護航，碰見海盜就驅趕，如果海盜抵抗的話可以直接開炮。

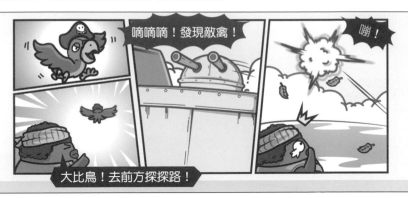

就算這樣，索馬利亞海盜也沒有停手，動不動趁軍艦不注意，再挾持一、兩艘商船。

有記者冒著生命危險跑到海盜窩裡採訪，發現他們其實沒有想像中凶殘，很多海盜在家裡都是好父親、好老公，平時就撈撈魚蝦。

他們當海盜完全就是生活所迫。索馬利亞條件太差，他們都沒受過教育，只在內戰中學會殺人的本領，除了當海盜，也沒什麼可以做的。

雖然很值得同情，但當海盜終究是犯法的。由於各國海軍的護航，能劫到船隻的機會愈來愈少，索馬利亞海盜已經日漸衰落了。

非洲另一邊的奈及利亞，取代索馬利亞成了新的海賊王，近幾年全球90%的海盜襲擊，都發生在那裡。

非常諷刺的是，
奈及利亞人當海盜的理由
和索馬利亞人完全一樣，
就是個「窮」字……

媽媽，我肚子好餓……

乖！等爸爸回來
就有吃的了……

看來想把海盜斬草除根，
光憑武力打擊是沒用的，
還得想辦法讓他們富裕起
來啊！

索馬利亞篇・完

大年初一拜大年

6

模里西斯
Mauritius

一個國家發行的鈔票代表著他的臉面，上面印什麼圖案必須慎重思考。

鈔票上都印了啥？

有些國家的鈔票選擇印風景名勝，可以招攬遊客，例如埃及紙鈔上就有著名的獅身人面像。

要是印人像的話，就有很多選擇了，像英鎊是印自家的女王，美元是印對國家有功的領袖，一般來說都是這個國家最重要的人物。

如果現在告訴你，除了中國之外，世界上還有一個國家的紙鈔也印著中國人，你相信嗎？

老闆，你是不是看我是個老外好欺負啊？

別以為我看不出來這是假鈔！這錢上面的人，一看就知道和你不同人種！

難道他看出來我缺斤少兩了?!該死！我才第一次就被……

這可不是在開玩笑喔！非洲模里西斯共和國的二十五盧比紙鈔上，真的就有一張中國人的面孔。

不僅如此，模里西斯還是非洲唯一一個把春節當法定節日的國家。每年春節，街上都辦聯歡活動，總統還會帶著家人跑到中國駐模大使館看表演。

咚咚隆咚鏘！

咚咚隆咚鏘！

大年初一拜大年

兄弟，這裡是模里西斯還是中國啊？

天吶！你們這裡還過春節?!

你買橘子，我再告訴你！

地處千里之外的非洲模里西斯，為什麼走的是中國style呢？紙鈔上的中國面孔又是何人？

中國與模里西斯的關係

別急，我們先從模里西斯的歷史說起。

模里西斯其實就是一個大島加幾個小島，國土面積才二〇四〇平方公里，而且位置還挺偏僻的，離非洲大陸有二千公里遠，孤零零地漂在印度洋上。

這裡從遠古開始就是個荒島，島上連土著都沒有，只有各種野生動物在這裡過日子。最出名的「原住民」就是不會飛的渡渡鳥，牠們體型特別龐大，一般都有二十多公斤重。

模里西斯的歷史其實用一句話就可以概括，那就是……

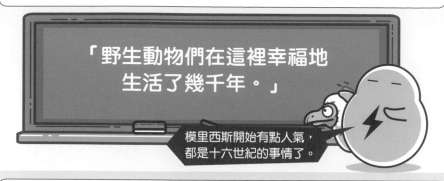

「野生動物們在這裡幸福地
生活了幾千年。」

模里西斯開始有點人氣，
都是十六世紀的事情了。

葡萄牙航海家最早發現這裡，隨後來了一群歐洲殖民者。模里西斯這個名字
是荷蘭人取的，和當時的荷蘭統治者同名。

兄弟，這次輪到我取名字了吧！

好啦！好啦！這次就給你啦！

歐洲人一開始覺得這塊地相當荒蕪，除了獵殺渡渡鳥之外，沒什麼好玩的，
結果渡渡鳥就被他們殺到滅絕了。

求求你們，放過我們吧！dudu！

爸爸、媽媽都被你們……dudu！

我們這麼做是不是太殘忍了？

果然一家人就該整整齊齊的呢！

幫幫牠們吧！

是呀！是呀！

但不久之後，他們就發現這裡的氣候非常好，適合榨糖用的甘蔗生長，於是他們砍掉森林種起了甘蔗。

為了擴大生產規模，歐洲人還從非洲抓了很多黑奴過來幹活，每年產出大量的蔗糖，賣到世界各地。

於是靠著蔗糖，模里西斯從一個荒島華麗變身成為能印鈔的寶島。現在模里西斯國徽上的兩根「草」其實就是甘蔗。

既然已經變成寶島，大家自然都想占有他。歐洲殖民者為了搶寶島，還打起仗來。

真是難以置信！那小破島竟然還能產出這麼清甜的蔗糖。

這初戀的味道，我要一人霸占。

幾輪火拚之後，英國人趕走了其他對手，成為模里西斯的新島主。

拜見新島主！

島主英明神武！

福壽天齊！

都說新官上任三把火，之前在島上工作的是從非洲大陸抓來的黑奴，英國人想表現一下紳士風度，就把黑奴都釋放了。

看在你們小嘴抹了蜜的分上，我還你們自由！

歐洲、美洲和非洲

但甘蔗總得有人來種吧！於是他們只能向海外招工。一八三四年至一九二一年間，大約有五十萬勞工跑到模里西斯求職，島上一下子就熱鬧了起來。

你們就是小島未來的希望啊！

這些勞工裡面，大部分都來自今天的印度和巴基斯坦，也有一部分中國人，他們基本上都來自廣東梅縣，也就是俗稱的「客家人」。

大家都過來登記資料！哪裡人？會什麼？

我廣東梅縣人……我會……

他會吃豆腐。哈哈哈！

這阿三真沒素養！

包括客家人在內的所有中國人，向來以吃苦耐勞著稱，在他們汗水的澆灌下，模里西斯的甘蔗產業一天比一天興旺。

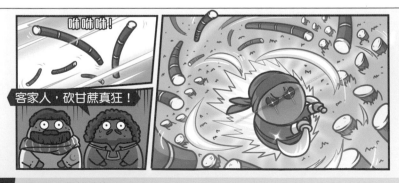

咻咻咻！

客家人，砍甘蔗真狂！

有些在模里西斯闖蕩的中國人，並不滿足於只當個種甘蔗的農民，他們紛紛開商店、超市，做起了生意。

老闆，你確定發給他的是日薪，不是年薪？

終於……可以開店了！

這些中國人開的商店，不僅用便宜的價格賣高級貨，還起早貪黑地工作，刮颱風、下暴雨都不休息，所以在當地口碑特別好。

嘩嘩嘩！

嘩嘩嘩！

只要有你在，我們就餓不死！

老闆，也幫我泡一碗！

你的泡麵好啦！

這個麵包好便宜啊！

英國派駐在模里西斯的總督這樣評價當地華人：「如果按模里西斯的人口比例來看，華人絕對算這裡貢獻最大的群體！」

東方雜貨

真是個勤勞的民族啊！

做為對華人辛勤付出的回報，總督對華人的需求也是盡力滿足，例如說很多華人思鄉，想申請一塊土地建祠堂或寺廟，總督都一一滿足。

如今在模里西斯，你能看到很多上百年歷史的佛寺、關帝廟，還有各種姓氏的祠堂，在非洲國家中算獨一無二了。

說到貢獻大的華人，我們差不多該揭曉鈔票上那張中國面孔的身分了，他的名字叫朱梅麟。

朱家人在一八七〇年遠渡重洋到模里西斯謀生，開了一間雜貨店，朱梅麟從小就在裡面工作。

靠著商業頭腦和不怕苦的性格，朱梅麟把雜貨店做成了大型連鎖超市，自己也成為華人商會主席。

如果你以為朱梅麟能被印上鈔票，是因為做生意厲害，那就錯了，他之所以被紀念，是因為他拯救過模里西斯！

拯救模里西斯的男人

我們之前說過，模里西斯靠賣蔗糖發財，但問題在於除了種蔗糖之外，他什麼都不會，連螺絲釘都生產不了，糧食、日用品都要從海上運過來。

「二戰」時的模里西斯迎來了生死考驗，德國和日本派軍艦在大海上進行襲擊，英國商船都不敢出門，糧食也送不到模里西斯，一場饑荒向小島逼進。

當時的政府官員都慌得要死，倒是以朱梅麟為首的華人們比較鎮定！

在朱梅麟的號召下，華人們把店裡的糧食和日用品統計好，按模里西斯的人口分好份額，有錢也不能多買，沒錢也可以先賒帳拿去吃。

我向大家保證，只要華人商會在，大家就有飯吃！

靠著盡心盡力的朱梅麟和華人們，模里西斯人人都能填飽肚子，沒有餓死在街頭，平安熬過了戰亂。

「二戰」結束後，朱梅麟已經成了模里西斯的英雄。英國女王還親自接見了朱梅麟，封他為爵士。

歐洲、美洲和非洲　　117

由於戰後英國走向了衰弱，模里西斯和很多英國殖民地一樣，開始尋求獨立。一九六八年，模里西斯正式和英國分家，摘掉了殖民地的帽子。

啪！大家都在呀！

你還有臉回來?!

你走吧！沒有你，我們一樣能過得很好！

但模里西斯還沒來得及慶祝成功獨立，二十世紀七〇年代，一場經濟危機襲捲了世界，蔗糖價格暴跌，靠賣糖維生的模里西斯失去活路，整個島上一片蕭條。

這次就給了這麼點錢，是不是算錯了？

我們老闆說了，現在甘蔗不值錢！

於是模里西斯開始尋找新的出路，政府頒布很多免稅、水電費打折之類的優惠政策，吸引外商來島上投資建廠。

你去那邊貼，天亮前要全貼完！動作俐落點！

好，好！

模里西斯

模里西斯本來就在大洋正中間，有做為交通樞紐的潛力，要透過船運來原材料，或者運貨物出去，都特別方便省事，這下政府又給了優惠，簡直誘惑力十足！

再加上這邊的華人很多，他們動用自己在故鄉中國的人脈，拉來了不少投資。

之後政府又想起，這裡有大海、動物，島上的山水也挺好看的，那就劃出幾塊風景區，發展一下旅遊業吧！

模里西斯慢慢建起很多工廠、酒店，原本失業的人都重新開始工作了。老天爺也很給面子，幾年之後糖價重新漲回來，模里西斯的蔗糖產業也復甦了。

二十世紀八〇年代到九〇年代，模里西斯的經濟飛速發展。一九九三年，他的GDP已經比剛獨立時增長了五十五倍！

如今的模里西斯是所有研究者眼中的天堂，他的社會進步指數和生活品質在非洲均排第一，被譽為「非洲的新加坡」、「印度洋上的珍珠」。

模里西斯的紙鈔，
還有春節時的熱鬧，
都在告訴全世界，
擦亮這顆明珠的人之中，
有勤勞善良的中國面孔！

模里西斯篇‧完

7

賴比瑞亞
Liberia

要論當今世界上哪個國家最強，美國如果自稱第二，就沒人敢稱第一。

美國是全球首富，二〇一八年的GDP比排第二的中國多了整整七萬億美元。美國的拳頭也是世界上最硬的，從槍炮到核彈一應俱全。

可是正在美國春風得意的時候，在地球另一邊的非洲，有一個由美國黑人建立的國家，卻過著窮困戰亂的生活，他就是賴比瑞亞。

大家可能要問，憑什麼說賴比瑞亞是美國的私生子呢？做過DNA鑑定了嗎？

別急別急，我們先來看看賴比瑞亞的國旗。

再看一眼美國國旗，造型是不是出奇地相似？明顯就是親子款嘛！

當然，國旗可能只是巧合，不能完全說明問題，想要更多的證據，還必須講到賴比瑞亞的歷史。

賴比瑞亞的身世之謎

今天我們就來個滴血認親！

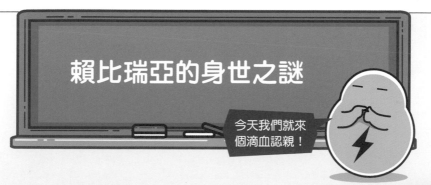

賴比瑞亞地處西非海岸，在沿海地帶有很多適合耕種的好地，所以在一千多年前的古代，就有黑人部落遷到這裡生活。

十五世紀，歐洲人坐船過來時，發現這裡盛產胡椒和穀物，所以把這裡稱為「胡椒海岸」。

不過歐洲人對胡椒沒什麼興趣，他們比較中意身強力壯的黑人，認為帶回去幹苦力正合適，於是歐洲人就弄了黑奴貿易。

他們先是用歐洲的便宜貨，例如玻璃珠、釘子、錘子和當地的黑人酋長換一些戰俘，後來嫌貨源太少，乾脆親自動手抓黑人。

這種骯髒的交易並不是只發生在胡椒海岸，非洲其他地方也同步進行，大批大批的黑人被裝上貨船，送到其他大洲做奴隸。

其中絕大部分的黑奴都被賣到了北美洲，在白人的農莊裡沒日沒夜地幹活，他們的孩子一出生就是黑奴，永世不得翻身。

歐洲、美洲和非洲　127

黑奴幹活辛苦就算了，吃的也比白人差，稍微偷點懶還要被白人揍，打死了還不用償命，反正黑奴算是家產。

俗話說一物剋一物，北美的白人雖然欺負黑奴時很囂張，但私底下被英國人敲詐、勒索也只是日常生活，算是體驗了被壓榨的痛苦。

後來北美人忍無可忍，就高喊著「自由平等」，強行甩掉英國自立門戶，我們熟悉的美國就這樣誕生了。

美國建國後，一部分白人覺得己所不欲，勿施於人，壓榨黑奴的行為也很可恥，應該把自由還給黑奴。

這幫英國佬真是氣死我了！快起來幹活，懶鬼⋯⋯

那你現在做的和那幫英國佬有什麼區別⋯⋯

對呀！

不行，我不能做這種惡人！

這群人就是俗稱的「廢奴派」，因為他們到處宣傳，美國很多州廢除了黑奴制，幾十萬黑人獲得了自由。

不過，黑奴被解放的同時也失業了，他們要跑去求職，肯定會搶白人的飯碗，再加上這些黑奴都沒讀過書，白人很擔心他們會鬧事。

頭兒，你是怎麼想的⋯⋯

招來這麼多黑人，感覺很危險啊！

沒辦法啊，不答應怕被他們打啊！

於是就有人想到把獲得自由的黑人送回非洲，讓他們在那裡重建家園，這樣就禍害不了美國了，還能宣揚美國的「自由平等」精神給當地黑人。

我要把這個好主意告訴總統，不能讓黑人毀了我們國家！

詹姆斯·門羅

時任美國總統詹姆斯·門羅覺得這主意非常不錯，在他的安排下，幾個白人牧師和軍官帶著幾百個黑人，坐船去非洲找地方安身。

他們跑到胡椒海岸，拿槍頂著當地黑人的腦袋，用幾瓶酒和一些破爛「買」下一塊土地，打造了第一個黑人移民區。

那塊土地的事情就麻煩酋長大人了！

哪裡的話呀！都是為和平事業做貢獻嘛！

好了！大家放下槍回家吧！

雖然打著自由平等的名號，但從本質上來說就是殖民侵略，只不過加害者和被害者都是黑人罷了。

但從美國來的黑人沒意識到這點，他們按照拉丁文中的「Liber」，即「自由」這個詞，幫這塊殖民地命名為Liberia（賴比瑞亞），第一個美國黑人移民區則被命名為蒙羅維亞，以此紀念支持他們搬家的門羅總統。

如今賴比瑞亞的首都蒙羅維亞

與此同時，在另一邊的美國，人們的思想又發生了變化，他們感覺送黑人去賴比瑞亞，就好像發配他們到邊疆，壓根兒不是種族平等的表現。

但如果不往非洲送，這麼多失業黑人又很難伺候，於是美國政府就想著讓賴比瑞亞自己建國，這樣送黑人過去就不算發配，應該叫移民！

以後你們自己好好過日子！

我們不要理他，想怎麼玩就怎麼玩。

於是在一八四七年，賴比瑞亞學美國發表了《獨立宣言》，建立一個共和國，由一位在美國出生的黑人擔任第一任總統。

約瑟夫・詹金斯・羅勃茲

賴比瑞亞的憲法幾乎照抄美國憲法，議會和法院也是按照美國的模板進行組織，官方語言也是英語，連國旗都是同一個造型。

唉！上任第一天就要抄這麼多東西，當總統真累！

美國大全

由美國來的黑人建立，各種制度又照抄美國，賴比瑞亞的私生子身分算是坐實了！

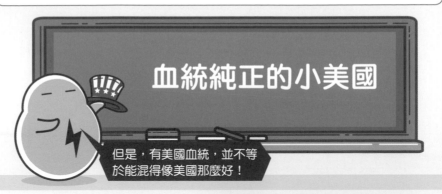

血統純正的小美國

但是，有美國血統，並不等於能混得像美國那麼好！

還記得當年被槍指著的當地黑人嗎？他們的地盤都被占了，心裡非常不爽，整天想找機會造反。

你這個假黑人！還沒有我黑，有什麼資格統領我們！

喲喲！你連即興說唱，都不會！喲喲！又有什麼資格，和我同臺競爭！喲喲！

而從美國遷來的黑人，覺得自己在文明國度待過，論知識水準肯定比當地土著高多了，就應該在賴比瑞亞當大爺。

酷！　　帥呆了！

帶著種族矛盾建立的國家，怎麼可能安生過日子？從賴比瑞亞建國起，當地黑人部落就起義不斷，反抗美國來的黑人。

美國一開始還滿照顧賴比瑞亞，派出軍隊鎮壓黑人部落，保證從美國過去的黑人能牢牢坐穩官位。

但一百多年後，美國人想法又變了，感覺幫一票黑人打另一票黑人，也不能體現自由平等，於是他們就撒手不管了。

一九八〇年，土著出身的軍官多伊帶領士兵發動政變，殺掉有美國移民血統的總統，自己登上了寶座。

塞繆爾‧卡尼翁‧多伊

多伊之前在軍隊裡做事很賣力，卻因為土著身分而遭受歧視，一直無法升官，所以他掌權之後就開始瘋狂報復，屠殺美國來的黑人後代。

好好看看這個，讓你們死得明明白白！

因為多伊的統治太殘暴，結果又被賴比瑞亞人的政變推翻了，叛軍用酷刑把他折磨至死。

可不可以不要殺我？

多伊死後，賴比瑞亞人為了爭權奪利，又開始了十幾年的內戰，全國各地都變成了戰場，首都也化為焦土。

直到二○○三年聯合國出面調解，派維和部隊進入賴比瑞亞，這場內戰才算畫上了句點。

聯合國派駐賴比瑞亞維和部隊

但和平來得太晚，內戰完全摧毀了賴比瑞亞，他淪落為全球最落後的國家之一，全國85％的人失業，60％的人是文盲。

走……走開！你們想和我搶這個寶貴的職位嗎？

賴比瑞亞的工廠數量幾乎是零，最先進的科技是彈弓，大部分農地都已經荒廢，沒有其他國家施捨的救濟糧，賴比瑞亞連一天都過不下去。

賴比瑞亞變成現在這樣，美國多多少少要負責任，畢竟當年是他以「自由平等」之名，強行讓自己國家的黑人在這裡安家，埋下了仇恨的種子。

更加值得思考的是，賴比瑞亞全盤抄襲美國，結果卻不好，這證明美國那種所謂的先進制度，並不是在哪裡都行得通。

Fun 系列 063

國家是怎樣煉成的：
三分鐘看懂漫畫世界史【歐洲、美洲和非洲】

作　　者——賽雷
主　　編——邱憶伶
責任編輯——陳映儒
行銷企畫——陳毓雯
封面設計——李莉君
內頁設計——黃雅藍

董 事 長——趙政岷
出 版 者——時報文化出版企業股份有限公司
　　　　　　108019臺北市和平西路三段240號3樓
　　　　　　發行專線——（02）2306-6842
　　　　　　讀者服務專線——0800-231-705・（02）2304-7103
　　　　　　讀者服務傳真——（02）2304-6858
　　　　　　郵撥——19344724時報文化出版公司
　　　　　　信箱——10899臺北華江橋郵局第99信箱
時報悅讀網——http://www.readingtimes.com.tw
電子郵件信箱——newstudy@readingtimes.com.tw
時報出版愛讀者粉絲團——https://www.facebook.com/readingtimes.2
法律顧問——理律法律事務所　陳長文律師、李念祖律師
印　　刷——富盛印刷有限公司
初版一刷——2019年8月30日
初版五刷——2023年12月5日
定　　價——新臺幣280元（缺頁或破損的書，請寄回更換）

時報文化出版公司成立於1975年，
並於1999年股票上櫃公開發行，於2008年脫離中時集團非屬旺中，
以「尊重智慧與創意的文化事業」為信念。

國家是怎樣煉成的：三分鐘看懂漫畫世界史.歐洲、
美洲和非洲／賽雷作. -- 初版. -- 臺北市：時報文化，
2019.08
　面；　公分. --（FUN 系列；63）
ISBN 978-957-13-7914-2（平裝）

1. 世界史　2. 漫畫

711　　　　　　　　　　　　　108012516

原著：國家是怎樣煉成的3／賽雷　著
透過北京同舟人文化發展有限公司（E-mail：tzcopypright@163.com）
經天津華文天下圖書有限公司授權給時報文化出版企業股份有限公司
在臺灣地區發行中文繁體字紙質版，該出版權受法律保護，非經書面
同意，不得以任何形式任意重製、轉載

ISBN 978-957-13-7914-2
Printed in Taiwan